Mon Canada
TERRE-NEUVE-ET-LABRADOR

Sheila Yazdani

TABLE DES MATIÈRES

Terre-Neuve-et-Labrador 3

Glossaire 22

Index 24

Un livre de la collection
Les jeunes plantes de Crabtree

Crabtree Publishing
crabtreebooks.com

Soutien de l'école à la maison pour les parents, les gardiens et les enseignants.

Ce livre aide les enfants à se développer grâce à la pratique de la lecture. Voici quelques exemples de questions pour aider le lecteur ou la lectrice à développer ses capacités de compréhension. Les suggestions de réponses sont indiquées en rouge.

Avant la lecture

- Qu'est-ce que je sais sur Terre-Neuve-et-Labrador?
  - *Je sais que Terre-Neuve-et-Labrador est une province.*
  - *Je sais que Terre-Neuve-et-Labrador a de nombreuses plages.*

- Qu'est-ce que je veux apprendre sur Terre-Neuve-et-Labrador?
  - *Je veux savoir quelles activités peuvent être pratiquées à Terre-Neuve-et-Labrador.*
  - *Je veux savoir à quoi ressemble le drapeau de la province.*

Pendant la lecture

- Qu'est-ce que j'ai appris jusqu'à présent?
  - *J'ai appris que St. John's est la capitale de Terre-Neuve-et-Labrador.*
  - *J'ai appris qu'il y a beaucoup de roches intéressantes dans les Tablelands.*

- Je me demande pourquoi...
  - *Je me demande pourquoi la sarracénie pourpre est la fleur de la province.*
  - *Je me demande pourquoi les macareux nichent chaque été près du phare du cap Bonavista.*

Après la lecture

- Qu'est-ce que j'ai appris sur Terre-Neuve-et-Labrador?
  - *J'ai appris que St. John's est la plus grande ville de Terre-Neuve-et-Labrador.*
  - *J'ai appris que l'oiseau de la province est le macareux moine.*

- Lis le livre à nouveau et cherche les mots de vocabulaire.
  - *Je vois le mot **capitale** à la page 6 et le mot **phare** à la page 18. Les autres mots de vocabulaire se trouvent aux pages 22 et 23.*

TERRE-NEUVE-ET-LABRADOR

Bonjour! Je m'appelle Izzy. Bienvenue à Terre-Neuve-et-Labrador!

Terre-Neuve-et-Labrador comprend l'**île** de Terre-Neuve et la partie **continentale** du Labrador.

J'habite à Trinity. Ma ville est à Terre-Neuve.

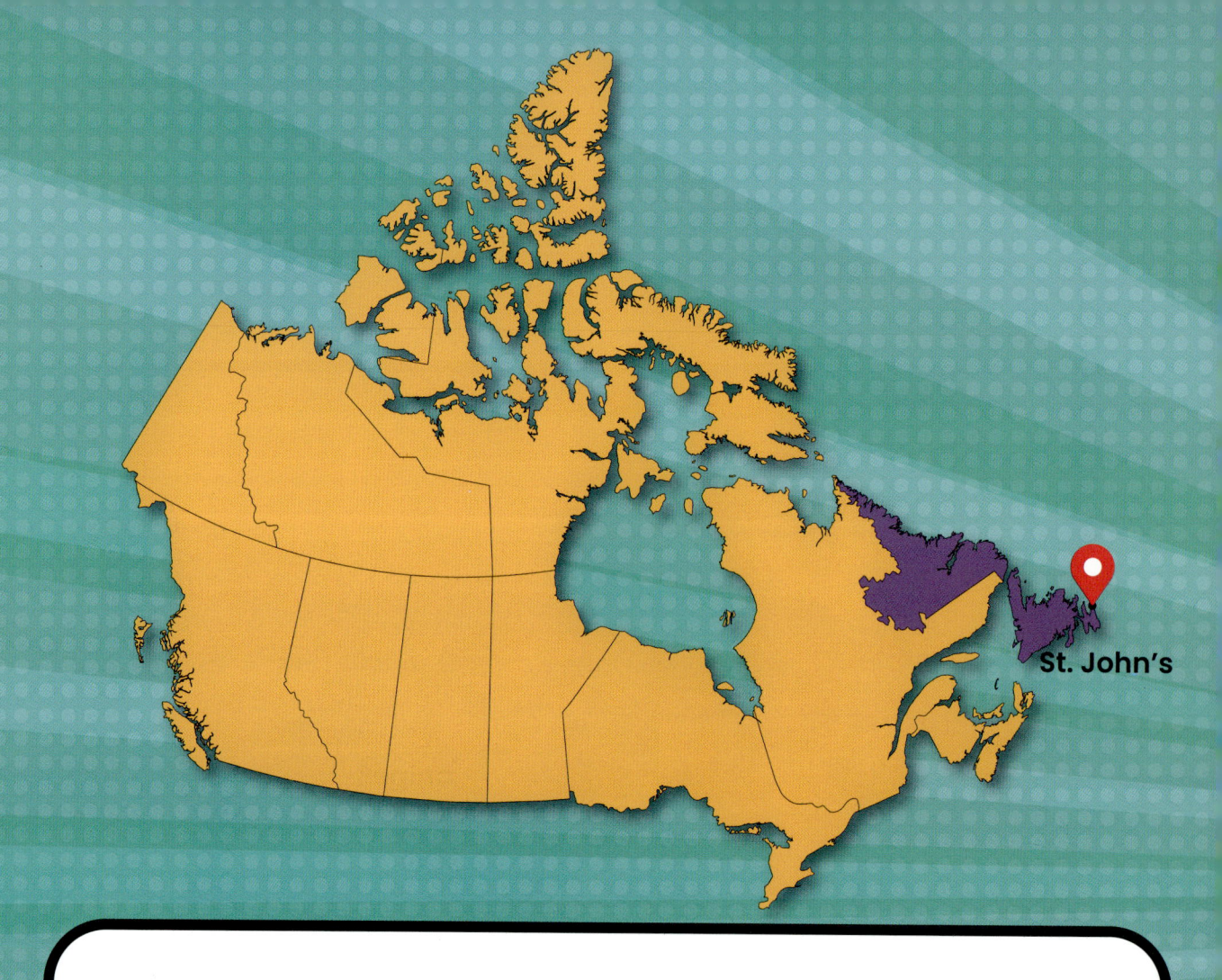

Terre-Neuve-et-Labrador est une **province** de l'est du Canada. La **capitale** est St. John's.

Fait intéressant : St. John's est la plus grande ville de Terre-Neuve-et-Labrador.

L'oiseau de la province est le macareux moine.

La sarracénie pourpre est la fleur de la province.

Nous pêchons beaucoup de fruits de mer à Terre-Neuve-et-Labrador. Certains sont des saumons.

Fait intéressant : Terre-Neuve-et-Labrador capture 98 000 tonnes métriques (108 000 tonnes) de fruits de mer par année.

Le drapeau de ma province est bleu, rouge, blanc et or. Il y a six triangles et une flèche.

J'apprends l'histoire des **Vikings** à L'Anse aux Meadows.

J'aime visiter les Tablelands au parc national du Gros Morne. Il y a tant de roches intéressantes à voir.

Fait intéressant : Les roches des Tablelands ont des centaines de millions d'années.

15

Ma famille se promène sur le sentier de la Côte-Est (East Coast Trail).

J'aime partir à la recherche d'icebergs le long de l'Allée des icebergs.

Je m'amuse à explorer le **phare** du cap Bonavista.

Fait intéressant : Chaque été, des macareux moine viennent nicher près du phare du cap Bonavista.

J'aime visiter le musée de l'aviation de l'Atlantique Nord à Gander. J'y découvre l'histoire des avions et de l'aéroport international de Gander.

J'aime faire du kayak au parc national Terra-Nova.

Glossaire

capitale (ka-pi-tal) : La ville où se trouve le gouvernement d'un pays, d'un état, d'une province ou d'un territoire

continentale (kon-ti-nan-tal) : Adjectif : formant la partie principale d'une région, à l'exclusion des îles qui l'entourent

île (il) : Une terre entourée d'eau

phare (far) : Une tour dotée d'une forte lumière qui sert à guider les navires

province (pro-vins) : Au Canada, comme dans certains pays, c'est une des grandes zones qui le divise

Vikings (vi-king) : Guerriers originaires de Scandinavie, une région du nord de l'Europe. Les Vikings se déplaçaient par bateau et attaquaient d'autres pays entre le 8e et le 11e siècle.

Index

fruits de mer 10, 11
icebergs 17
macareux moine 8, 19
phare du cap
  Bonavista 18, 19
St. John's 6, 7
Trinity 5

À propos de l'auteure

Sheila Yazdani vit en Ontario, près des chutes Niagara, avec son chien Daisy. Elle aime voyager à travers le Canada pour découvrir son histoire, ses habitants et ses paysages. Elle adore cuisiner les nouveaux plats qu'elle découvre. Sa gâterie favorite est la barre Nanaimo.

Autrice : Sheila Yazdani
Conception et illustration : Bobbie Houser
Développement de la série : James Earley
Correctrice : Melissa Boyce
Conseils pédagogiques : Marie Lemke M.Ed.
Traduction : Claire Savard

Photographs:
Alamy: Itsik Marom: p. 20
Shutterstock: christopher babcock: cover; CookiesForDevo: p. 3; EB Adventure Photography: p. 4-5, 22-23; Media Guru: p. 6, 22-23; valleyboi63: p. 7; Suwipat Lorsiripaiboon: p. 8; Bill Kennedy: p. 9; Paul Brady Photography: p. 10-11; Mary Anne Love: p. 11; Millenius: p. 12; George Burba: p. 13, 23; EyesTravelling: p. 14-15; Chiyacat: p. 15; jrtwynam: p. 16; ggw: p. 17; Gina Smith: p. 18, 22; FotoRequest: p. 19; George Burba: p. 21

Crabtree Publishing

crabtreebooks.com 800-387-7650
Copyright © 2025 Crabtree Publishing

Tous droits réservés. Aucune partie de cette publication ne doit être reproduite ou transmise sous aucune forme ni par aucun moyen, électronique, mécanique, par photocopie, enregistrement ou autrement, ou archivée dans un système de recherche documentaire, sans l'autorisation écrite de Crabtree Publishing Company. Au Canada : Nous reconnaissons l'appui financier du gouvernement du Canada par l'entremise du Fonds du livre du Canada pour nos activités de publication.

Imprimé aux États-Unis/062024/CG20240201

Publié au Canada
Crabtree Publishing
616 Welland Avenue
St. Catharines, Ontario
L2M 5V6

Publié aux États-Unis
Crabtree Publishing
347 Fifth Avenue
Suite 1402-145
New York, New York, 10016

Library and Archives Canada Cataloguing in Publication
Available at Library and Archives Canada

Library of Congress Cataloging-in-Publication Data
Available at the Library of Congress

Paperback: 978-1-0398-4347-9
Ebook (pdf): 978-1-0398-4360-8
Epub: 978-1-0398-4373-8
Read-Along: 978-1-0398-4386-8
Audio: 978-1-0398-4399-8